Du plastique dans la tête

MYLÈNE STE-CROIX

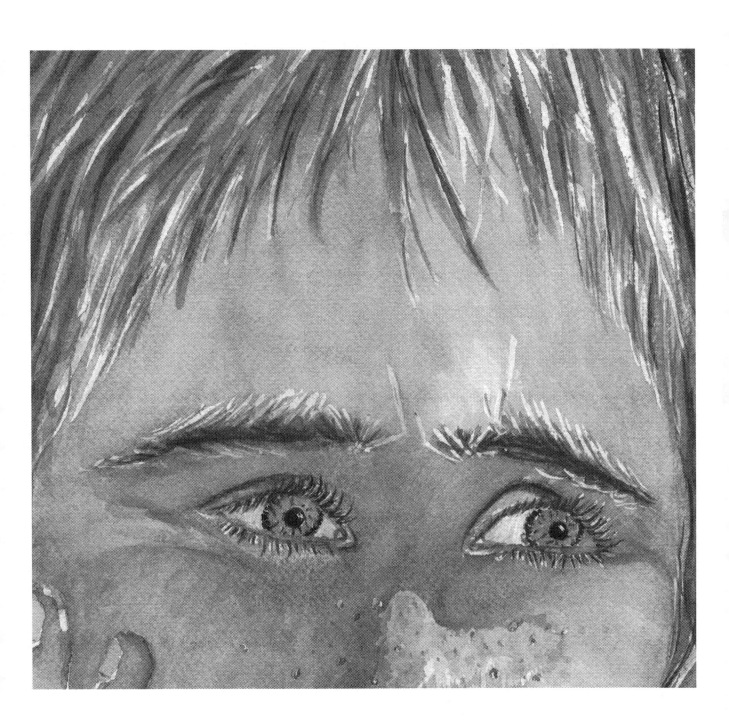

Order this book online at www.trafford.com
or email orders@trafford.com

Most Trafford titles are also available at major online book retailers.

Print information available on the last page.

ISBN: 978-1-4251-9071-2 (sc)

Trafford rev. 07/14/2021

www.trafford.com
North America & international
toll-free: 844-688-6899 (USA & Canada)
fax: 812 355 4082

Un très grand merci à Alexandre Roy, graphiste, sans qui ce livre n'aurait pu prendre forme et voir le jour.

À Lucie Côté, réviseure, et Denis Bolduc, technicien photo, pour leur professionnalisme.

À ma chère Denise, pour sa grande intelligence du coeur, son amour, son soutien et son courage.

À ma Kathou, qui m'a offert l'un des plus beaux cadeaux en me donnant son amitié.

À mon Ti-Loup, le moteur de ma vie, qui a choisi mon ventre.

Finalement, un immense merci à mon grand amour et l'homme de ma vie, François, qui m'a ralliée à l'espèce humaine, parce qu'il a des montagnes dans les yeux.

Cher journal,

Je t'écris parce que je n'ai plus le choix. J'ai décidé d'exister.
Je martèle tes pages pour avancer entre mes mines personnelles.

Dans un corps d'adulte, je me cache derrière la petite fille qui encaisse
encore mes coups. J'ai bien envie de la faire taire, mais c'est impossible.

La mort a un cri qui se rapproche de celui de la vie, c'est seulement
l'éclairage qui change... dans nos yeux. Facile de s'y tromper.

Je ne peux plus nous enterrer.

Il y a des traces, nos deux empreintes, pour que plus jamais...

PREMIÈRE PARTIE

Je garde les yeux ouverts

Plus jamais…

« Bé, viens t'asseoir sur mes genoux… ce sera plus toi le bébé… »
Elle n'explique pas d'habitude.

Ça résonne fort dans mes oreilles et surtout dans le cœur.
Je pourrais jurer que je l'ai entendu fendre.

La cuisine est peinte d'un bleu qui voudrait être calme et profond.
Tout à coup, j'me rends compte que je l'aime plus. Ce bleu de mère
me fait mal parce qu'il me rappelle que je ne rêverai plus. Qu'un autre
de plus, ce sera encore plus étouffant et plus vide dans le frigo.

C'est la fin août, le frigo crève lui aussi et il a décidé de nous le dire.
Tard dans la nuit collante et puante de bière, il est mitraillé par papa,
martelé par les coups et les cris. Papa le sort à bout de bras.

Abandonné, éventré, des trous noirs pour seuls témoins.

Je suis comme lui, depuis que papa vient me voir dans ma chambre.

Maman…
c'était déjà plus moi le bébé.

Maman se parle de notre enfance.

« Quand j'ai su que j'étais enceinte de toi, j'ai donc pleuré...
j'voulais pas te garder. »

Je la regarde. Elle continue de frotter la cuisinière.

« J'me souviens, à Cap-des-Rosiers, quand t'étais bébé,
ton vrai père disait à Caro de te jeter en bas du cap... »

Bang ! Un couvercle s'échappe.

« Traîne-la dans la boue ! Ah... »

C'est mon premier souvenir de ma désillusion avec ma sœur Caro.

Ça me vient de maman qui a trop raconté cet incident, avec,
au ralenti, un sourire pesant, loin de l'amour.

Chaque fois, ça fendait un peu plus.

Caro la menteuse, l'égoïste, la froide, comme maman
le rappelait trop souvent. J'ai fini par le croire, pour remplir.

J'ai acheté, tout « gobé » comme le gros frigo niaiseux
et pas assez silencieux qui s'excuse de prendre d'la place.

Maman insistait trop
sur le « vrai » des choses...

MANU 1 AN ET SES COUCHES DE MERDE

Y'é beau mon Manu…

Je n'entends rien, j'écoute les étoiles qui naissent dans ses yeux.
Mon décalage sur sa vie me tord. Je recule.

« Ça fait mal, tu veux mourir quand ça sort », répète maman.
Ça me serre. Je le sais que ça fait mal m'man.

À genoux, je fais face au bol de toilettes. Je frappe la merde
qui s'accroche aux couches de coton de Manu.

Il reste toujours des traces.

Je ne l'ai pas maman. Lui, il a son sein.

Pendant que je me bats avec la merde, le ciel bleu m'appelle, du puits
de lumière, juste au-dessus des toilettes. Ce bleu-là me fait mal
parce que les nuages qui le portent sont libres.

« Ma veux un boudou de lait avè le quoui ! ». Manu veut une bouteille
de lait avec du Quick . « Descends de d'là Manu! Tu vas en manger
une maudite ! » Maman veut la paix.

« Oui m'man, je vais aller promener Manu en poussette. »
Tu vas me préférer. Maman n'aime pas, elle préfère. Les rues
sont passantes. Je ne sais plus jouer dehors.

*J'ai 8 ans et je pousse
ma raison de vivre.*

On passait d'un appartement à l'autre, chaque année. Toutes les années. Notre rituel familial consistait en l'énumération chronologique des événements dans chaque appartement. Maman excellait à ce jeu. Les cris faisaient alors place à l'attention fragile.

Des vies entre quatre murs.

« À Murdochville, quand on vivait au camp de bûcherons, Caro faisait rire tous les hommes. Ils la faisaient sacrer… elle était ben bonne ! »

C'est ce que maman a dit de gentil sur Caro.

« Toi, quand je te mettais dehors et que j't'attachais avec une corde, t'aimais pas ça ! »

Chaque fois qu'elle me raconte ça, j'ai une odeur de poussière me venant du derrière qui me monte au nez, un ciel bleu au-dessus de ma tête et moi, au bout de ma corde.

« À Mont-Joli, on n'était plus avec ton vrai père, on est entrés dans la roulotte, moi et Pitou, pis t'avais mangé ta merde. Y'en avait partout ! »

Moi, je me souviens que j'ai toujours eu le fond de culotte sale et ça, dans tous les appartements.

« T'es plus belle quand tu souris ! » Je quitte la classe.

Je regarde le trottoir et la phrase me revient à chaque craque.
Je descends la grande côte… et la tête.

« Hé, la grosse torche ! On va te mettre d'la mélasse
dans les cheveux si on t'pogne ! »

Je m'habitue à cette impression d'une douleur acceptable.

{ *Silence* }

Manu… la vie dans ses yeux m'apaise. Je relève les miens. Je reviens.

Au 3ᵉ étage, le balcon crie. Manu est pendu par la tête.
L'autre partie fend l'air et se demande pourquoi elle est abandonnée.

Je me défais. Je n'ai jamais déchiré autant. Je hurle.

Il n'y a plus de couleur.

Maman apparaît enfin.

Je la hais. Je me déteste.

*Je n'étais pas en retard…
je serai en avance.*

Caro est une rousse aux yeux bleus. Je ne savais pas qu'elle était belle.

Maman non plus, elle n'en parlait jamais.

Caro avait mal à son père, pas Pitou, son vrai.
« J'suis partie parce qu'il était fou… ils étaient tous fous dans sa famille.
Des fois, il buvait tellement que je devais le torcher…
… mais il aimait donc Caro. »

Moi, elle n'en parlait pas.

« J'me souviens quand t'étais petite, il vous avait prises pendant quelques
jours. T'es revenue la tête pleine de poux. C'était effrayant.
On a mis des heures à t'enlever ça. »

Je ne veux pas sa folie. Je n'aurai jamais mal de lui.

Il fait noir.

Tout se sépare, déjà.

Je t'aime Caro, mais je suis belle.
Je ne le savais pas, mais
maman le dit.

Le rouge est apparu. Il tourne.

Le bleu revient.

Un coup, un autre, tout en rythme. Infaillible.

Pourquoi la police… chez nous !

« Faites attention ! » Oui , que je réponds en silence.

« On l'a retrouvé seul sur le boulevard Léger, un gros couteau de cuisine
à la main, madame ! »

« Oui, c'est mon p'tit vagabond. Il a à peine 3 ans », dit maman.

Sa fierté et ma honte se frappent.

La tête me serre de partout depuis le rouge. Ça me frappe tous les jours.
Je ne veux plus. Je ne suis plus la cadence. J'ai failli.

Encore.

Dans la honte, loin du courage, près de la mort.

Maintenant,
je n'entre plus chez moi,
je me sors de dehors.

Bang ! Bang ! Bang !

Mes yeux frappent ceux de maman.
« Y'a quelqu'un qui cogne à la porte maman ! »

« Va voir c'est qui Mylène ! »

Caro reste dans le bain.

Dans le corridor, les murs se rapprochent et font du bruit.
Je ne sais pas pourquoi, mais je n'aime pas les portes.

« C'est un monsieur maman. Y'a une grosse barbe rousse ! »

« Ouvre pas Mylène, ouvre pas ! » Maman crie, paniquée.
« Je ne veux pas le voir… »

La confusion nous unit dans la peur. Ça crie dans ma tête.

 Il me reste dans la bouche ce goût de l'infini et le souvenir intense
de ma sœur et moi, tremblant, couchées l'une contre l'autre
dans le même lit et maman, son gros couteau de cuisine
à la main comme seul courage.

Caro… mon phare. À cet instant précis, je peux te toucher.
Ce que le bonheur, en plein jour, ne me permet pas.

Je m'habitue à l'idée
d'une mort préférable.

Un bleu qui devient presque noir d'infini.

La cuvette est froide, mais c'est le scintillement
venant du puits de lumière qui me fait frissonner.

Je m'habitue à aimer ce que je n'aime pas.

Bang ! Bang ! Bang ! Je reconnais cette rage.

Je sors des toilettes. « Ouvre pas Mylène », dit maman.

« Mais, c'est papa ! »

« Ouve ma belle fille… ma belle Mylène…ah ! »

Bang ! Bang ! Bang !

« Crisss… de crisss ouve Mylène ! »

«Je l'sais que c'est Pitou… j't'ai dit de n'pas ouvrir… j'ai changé la serrure ! »

Ça fend encore. Un morceau tombe et roule.

Les étoiles s'éteignent dans le puits.

Papa… le bleu de ses yeux est seul, noyé de bière. Il ne reviendra plus ici.
Il n'aura jamais les clés. Dans mon lit, je tremble d'eux, encore.

*J'accroche Manu dans mon ciel,
je le garde dans mon lit.*

Caro est une princesse, c'est l'histoire qui s'est trompée.
Je le sais quand elle sourit.

« Ah ! Décolle Mylène… touche-moi pas ! » J'ai mal au cœur.
Les princesses sont capricieuses.

Je ne dis rien, tout le temps. Maman non plus
Je ne sais pas pourquoi.

Nous partons en voyage. Je ne le savais pas. Un silence lourd est embarqué
dans l'auto. Moi, je chante tout le temps. Sinon, j'ai mal à la gorge.

« Ah ! Caro ! Arrête de chanter, tu fausses ! » dit maman.

À mon tour, je fais une place au silence, pour Caro.

Il me reste du voyage des poteaux qui passent trop vite, des vaches qui n'ont
pas le temps de nous voir se sauver et l'odeur des porcheries.

C'est déjà ça.

Tout s'arrête. Quatre portes qui frappent brisent l'isolement. Une madame
Lévesque ouvre sa porte et prend nos petites valises. Maman a les mains
vides. Papa prend le reste.

J'ai très mal à la gorge… je sais maintenant. Maman et papa nous laissent ici
quelques semaines… qui deviendront des mois.

Un mot, une odeur, une couleur ? Rien.

Mon cœur tordu, moi à un bout,
mes bras à l'autre bout.
Leur chien vient me lécher
les mains… la porte se ferme.

« T'es ma mère pour moi… t'es parfaite, ça me fait peur des fois. »
Maman est au lit, malade, et je la soigne. Je l'aime profondément
et je souffre de sa complicité.

« Qu'est-ce que tu fais mon beau Manu ? » Je m'inquiète…
« Oui, oui ! J'arrive m'man ! »

Je quitte la chambre. C'est chaud et humide. Le temps me coule lentement.

« T'es ma mère pour moi Mylène… » touche encore la cible et m'arrache
un sourire. « Oui m'man. » Ma faille s'agrandit, mais maman ne mourra pas.

Papa vide ses bouteilles à St-Henri maintenant. « Manu va chez Pitou
en fin de semaine, tu vas y aller aussi Mylène. » Ce mal de gorge qui revient.

Mon vagin cogne. « Mais maman ! »

« Sois reconnaissante… il faut manger. »

« Mais maman c'est… »

« Toi qui étais si fine, si serviable, si reconnaissante ! »

Je reconnais. Ses yeux m'abandonnent quand même.

Par la fenêtre de l'autobus, je ne remarque plus le bleu. Manu, ma fusion,
m'entoure de ses bras. Je l'embrasse, je suis une lionne pour lui. Les freins
crient. On sort de l'autobus. On passe à travers la poussière. Papa nous
rentre dans la taverne.

Mon linge est trop petit.
Après les peanuts et les chips, on s'enferme dans son un et demie.

*Manu s'endort. Papa s'excite.
Je pleure et je rejoins Manu
dans notre ciel.*

Le rêve s'arrête. Je ne dormais pas... je vivais. Maman n'est pas venue nous chercher chez madame Lévesque. C'est ma tante Denise qui nous ramène à Montréal.

Après des mois, je m'habituais...

La voiture est chargée. Je ne laisse aucun souvenir derrière. Je cache tout au fond de moi. Maman n'aime pas nous voir heureuses, si ça ne dépend pas d'elle.

Maman n'aime pas, elle se valorise.

Je ne sais pas bien parler du bonheur, mais de madame Lévesque jusqu'à Montréal, je me garde les balançoires au-dessus du fleuve, le goût indéfinissable des patates en poudre, les pique-niques dans la cour pour nourrir le temps et c'est tout, les chambres en haut avec un toit qui vient toucher nos cheveux sur l'oreiller, l'énorme derrière du poney qui cogne en marchant, monsieur Tinor qui me fait sursauter avec son os de chien au poignet, le jaune de la gouache sur le plancher de ma première maternelle et Caro... qui ne m'approche pas plus, mais qui au moins sourit, cachée avec son petit ami... Ça me laissait le temps de manger ses bonbons !

Montréal-Nord... encore un nouvel appartement. Je tremble. Mon corps reconnaît.

Ma tante Denise nous dépose. Elle est silencieuse et distante avec maman.

« Maman ! » Mes yeux la capturent enfin, dans le corridor, mal à l'aise.

Papa est assis, la tête débranchée. Il ne nous regarde pas.
Il fixe les bouteilles et le cendrier.

La peine et la honte décrochent
une droite à l'enfance.
Par la fenêtre, je cherche
les étoiles de Madame Lévesque.

Manu dort souvent dans mon lit maintenant.

Caro a acheté sa chambre pour quelques dollars donnés à maman.
Une lumière dans ses yeux s'allume quand elle les prend.
Maman ne me regarde pas. Je m'adapte, sans avis.

Je m'éteins.

Avec la nuit, on est trois dans le lit. Le silence ne vient pas faire son tour.
Dans ma tête, il y a l'huissier qui n'a rien pu saisir qui gratte son carnet,
les journées de camping dans la maison et l'écho qui nous rappelle qu'on
n'a plus de meuble, la sonnerie du téléphone qui cache un inspecteur du B.S.
à qui on ne répond jamais, les allers-retours au dépanneur avec la maudite
caisse de 24 qui frappe mes cuisses, pour acheter du pain, les « m'a payer 10
gars qui vont te passer dessus » pis les « vas-y, je vais aimer ça » criés dans
la cuisine, les « une chance que papa y t'aime parce que... » et maman...
maman qui me dit toujours « t'es trop affectueuse... viens pas chialer ! ».

Moi, je me caresse quand j'ai mal.

J'ai mal souvent.

J'étouffe l'angoisse, j'avale de l'air quelques instants, avant que les images
ne reviennent. Les siennes... et les miennes.

Les miennes. Je garde les yeux ouverts pour ne pas les voir. Je tremble, je
jouis, je ne sens pas la différence dans la douleur.

Je ne le fais jamais quand il est couché près de moi. Tout juste un petit baiser
chaud, humide, sur le front, le nez, les joues... et la dérive jusqu'à sa bouche.

Mon beau Manu. Tu ne devras jamais être dans mes images.
Je ne déborderai jamais de ta bouche.

Je ne mentirai jamais à tes 5 ans
qui s'endorment dans mon lit.

J'ai peur. Il n'y a rien de solide.

Je n'aime plus, je fusionne.

Jamais plus d'abandon, même au prix de mes rêves. Je suis en manque du bleu qui vient frapper la grosse roche en forme d'Indien, de mon rire, mêlé à celui de Caro, balancé au-dessus du quai, de nos gougounes aspirées par la plage, de cette sœur qui devenait et que je ne reconnais plus ici, devant maman. « Eh, grosse torche » réapparaît.

« Y'a même du tapis dans les garde-robes… mur à mur », dit maman. Les portes s'ouvrent et se ferment trop vite, sans leur accord.

Je serai toujours en visite. Je veux lui dire ma déchirure de la retrouver, enfin. J'ai tant inventé de réponses à mes questions. « Il est trop tard », dit maman. Trop tard. On défait les bagages. Il y a un grand lit pour Caro et moi et une fenêtre fermée pour laisser la pluie dehors.

La vie ira à demain. Demain… une autre maternelle. Au moins, je dors avec Caro.

« Arrête de parler en bébé ! » Caro marche devant avec ses amies, moi je parle derrière avec mon sac. Je ne m'en étais pas rendu compte. Je baisse la tête. Je ne m'intéresse plus.

Ça vient des yeux de maman… de Caro, je ne sais pas. Là, je m'arrête. Des losanges accrochés les uns aux autres pour m'empêcher de sortir. Une cour de petits séparés des grands. Mes cris ne traversent pas la clôture. Caro ne tient plus mes doigts. Maman ! Pourquoi t'es pas venue me laisser. Je m'invente une réponse. Je remplis.

Cette nuit, encore dans l'angoisse et les cris, on fait semblant de faire l'amour. On s'invente des réponses… Je ne sais pas qui fait l'homme ou la femme, mais Caro m'aime.

Ce sera la dernière fois.

« Le noir dépasse ! La machine la prend pas votre feuille ! » me dit
la caissière. Je suis complice malgré moi. Je noircis des dates de fête.
Le numéro 23, c'est moi… Je ne suis jamais fêtée… Je pèse fort dessus.
Ça soupire en arrière. Je me dépêche. Je déchire souvent la feuille de 6/36.
J'haïs la 6/36 !

J'haïs… être la grosse qui cache maman pendant qu'elle enfonce des steaks
au fond de sa bourse. J'haïs les pilules, l'aloès verra, les poudres aux fraises,
la soupe aux choux, les jeûnes… « J'suis plus heureuse quand c'est toi qui
maigris ma fille. Tu sais pas le bien que tu me fais ! »

J'haïs tenir sa bourse, la preuve du crime, pendant qu'elle s'achète de la 6/36
au lieu de nous nourrir. « Regarde-moi pas comme ça Mylène. Un jour,
j'le sais, je vais gagner le million… j'peux pas t'expliquer là ! »

J'ai tellement mal que je la crois, mais ça ne me fait pas de bien.
Je me mens mal.

« Mademoiselle… mademoiselle ! ». Je sors de ma tête.
« Votre feuille de 6/36 ! » Là je me sens pauvre.

J'amène Manu partout avec moi. Au cinéma, voir L'Empire contre-attaque ,
aux Galeries d'Anjou manger des chips et faire des tours de train. Et il y a
le retour. On n'a pas le choix, il y en a toujours un. « Tu vois mon amour,
ça c'est un monarque qui parcourt un long voyage et… Quoi ?
Pourquoi mes yeux pleurent souvent ? » Mes cheveux frappent ma bouche.
La violence du vent me tait. Je ne réagis pas.

« Quoi ?… Oui, ça meurt un papillon, mais pas un ange comme toi !
Maman ? Elle est partie travailler au bar. On va faire un beau ménage pour
lui faire une surprise… Non, j'te laisserai jamais mon trésor… » Sa vie dans
mes 12 ans, chaque pas est pesant, mais je marche. Le monarque bat des
ailes sous le pont, chassé par les voitures du Métropolitain.

Je serre fort Manu et je prie.

Tac, tac, tac… même la nuit. Maman coud. Elle nous aime, c'est sûr.
Après plusieurs jours de travail, le bruit s'arrête. « Caroline ! »
Maman appelle une seule fois.

C'est à prendre, on ne laisse jamais.

Un blanc presque bleuté prend forme. C'est un choc. Tant d'amour…
Maman lui a fait une robe de princesse pour sa confirmation.
Même le bonnet et la bourse perlée sont de sa main.

On se rend à pied à l'église. Moi, c'est une robe à carreaux qui
m'accompagne, mais les coutures sont celles de maman. J'ai hâte d'avoir
ma robe de princesse, un jour. Au retour, c'est la fête. On n'en a pas souvent.
« Caroline, c'est pas de même qu'on mange ! Un morceau de chaque
en même temps crisss ! » « Pitou, laisse-la manger comme elle veut…
Elle veut les piler ses patates… », dit maman. « Ben a l'aura pas d'beurre ! »

Je n'entends plus que le doigt de papa qui frappe la table, comme un clou
dans la tête de Caro. « Ma belle Mylène, tu vas finir les assiettes hein !
Elle, a mange vite. Pas de chicane, a mange tout ce qu'on y donne.
C'est beau ça ma belle fille ! »

Maman ne dit rien. Je mange.

…

Ce matin-là, assise au banc, j'écoute l'écho, je regarde les roses blanches
et je suis seule avec mes 7 ans. Je reçois une croix de bois. Je ne savais pas
dire « amen ». Je ne savais pas comment placer mes mains. Je reviens,
à pied. En entrant, je réveille papa et maman. « D'où viens-tu ? »,
me demande maman assise dans le lit. « C'était ma première communion ! »
Je veux qu'elle ait mal autant que moi. Elle se recouche. Manqué.
« Pourquoi tu me l'as pas dit Mylène ? » Je referme leur porte.

Tu aurais dû le savoir, mais y'a rien
qui souffle de ma bouche.
Tu aurais dû le savoir.

Je cogne du talon. Y'en a pas un qui va me toucher des yeux. « Da Vinchy »…
un trou avec un nom italien, ça fait encore plus trou. Je rentre dedans.

« Maman ! » La machine à sous reste là, ouverte, chaude, abandonnée
et complice. Maman se retourne en gardant un œil dessus et l'autre
pour mon front.

Elle frotte le bar. Y'a pas une bouteille, personne. Inutile. J'ai mal pour elle,
j'ai honte pour nous. « Qu'est-ce que je fais pour souper m'man ? » Le vide,
j'sais pas quoi faire avec. « Non, Caro n'a pas fait le souper… oui je vais
chercher Manu à l'école ! »

Dehors, la lumière me frappe. Le menton dans le cou, je sens encore le vent
que maman a déplacé en arrachant du tabouret ses trois pouces de cuisse
et le reste pour le rouge de ses bottes de suède. Ça me revient, comme un
flash : « J'aime ça quand Yves me mord la lèvre pis que ça saigne un peu. J'lui
demande de me violer… » L'autobus Jean-Talon me frôle, fermant le tiroir.
Piquée par la saleté, je bats des yeux.

Plus je la méprise, plus je m'oblige à l'aimer à ses conditions.

Manu… Je m'en viens. Une rue… un tunnel, c'est pareil. Je le martèle
jusqu'au bout. Le foin dans le champ est trop long. Il me frotte les jambes.

Manu m'attend à la porte, dehors, seul. Ma main secourt la sienne. Ouf !
« Quoi ? Les étoiles de Marie… les sœurs vont t'aider à faire tes devoirs…
ah… mais moi je peux t'aider… un pèlerinage à Cap-de-la-Madeleine ? Ben
j'imagine que c'est une bonne idée mon ange… t'as faim ? On va souper…
On trouvera. »

Je me sens déjà dépassée,
mais contre le Bon Dieu,
y'a que la mort qui l'emporte.

« Si j'te pogne, j'te mange ! » J'ai beau courir, je ne déplace pas les nuages.
Mais lui, il me rattrape. C'est un gars de 6ᵉ année, dans la classe de Caro.
Il m'écoeure. Il sue. « Another one die the bust… », je me chante la chanson
dans ma tête pour enterrer ses cris. C'est un réflexe.

« Si j'te pogne, j'te mange ! » Caro est restée à la fête avec notre cousine.
Quand elle fait semblant de se sortir un pénis du pantalon, je ris. Je fais
comme les autres.

Il n'y a plus de nuage, seulement un grand champ de mauvaises herbes pour
me rappeler que je cours encore. Le même qui me fait courir tous les jours
pour aller à l'école. « J'vais te pogner ! » Son bras derrière mon dos s'allonge.
Je me retourne.

Ce n'est plus lui qui me fait peur, mais le brun laid de la porte ouverte d'une
voiture que je reconnais. Je ne comprends pas ce qu'il me dit. Je ne l'écoute
pas, je regarde. L'autre est parti sans terminer sa comptine.

Je ne chante plus dans ma tête. Les battements de mon cœur ont pris
la place. C'est lui, le même qui se prend le pénis pour parler. « Viens… »
La voiture recule, il sort sa main mouillée.

Les cris refusent de s'échapper, un autre réflexe. Je cours.

« Maman ! Maman ! » Elle rentre vite dans la salle de bains se cacher, les
mains sur les seins pour les retenir. Je ne connais pas sa peau, sauf la nuit,
quand elle se prend de la tire en cachette et que je la capture un instant.
« Je l'ai vu maman ! Dans une voiture brune ! »

« Ben… fais attention aussi… les policiers disent qu'ils n'ont rien vu…
Pitou, où est-ce que t'as mis la cassette avec « Kiss me » ? »
« Je l'sais pas mon minou… »

J'ai jamais eu peur des champs
chez Madame Lévesque.
Là-bas, j'aimais les couleurs.

Ça sort de la fente. C'est blanc. Je hurle. « Non, pas ça ! » Je n'aurais jamais imaginé que ça puisse saigner autant. « Maman ! Viens ! Viens !»
Plus de visage, que du sang. C'est plus tard qu'on saura que c'était l'arcade sourcilière. Des mots qui laissent des traces. Mon beau Manu d'amour.
Je t'aime tant. Dans ma tête, j'y arrache les yeux au jeune qui t'a lancé la roche.
Pour pleurer sa misère, je les lui laisse.

« Un nouveau bar !... On déménage à St-Michel sur « De Louresss » »,
maman prononce à l'italienne depuis qu'elle leur sert des cafés. « On va
en trouver un camion de déménagement... arrête donc là, la lionne ! On a
jusqu'à 5 heures ce soir ! » Maman sait si bien me la fermer. Les carrés se
succèdent sous nos pieds comme les heures avant d'être à la rue et de...

« Monsieur ! » Un vieux bonhomme dans son camion qui pète. Maman a
réussi. Pour faire pitié, c'est la meilleure. Après tout ce que je lui ai garroché
en silence, je m'accroche un sourire, pour la protéger, pour croire. Encore
un été de boîtes et d'appartement qui fait semblant d'être mieux.

« Anne, ma sœur Anne, ne vois-tu rien venir... » « C'est beau Manu, mais
reste devant le micro. » « C'est quoi après Mylène ? » Mes yeux reviennent
à son bleu pour mieux capter la lumière de son expression. Un pèlerinage,
pour s'approcher de sa vie.

« Quoi maman ? Ok, j'irai te voir au bar ce soir. » La nuit s'installe dans le
tunnel. La rue se montre. J'entends craquer le sac de papier brun, gras. Caro
est rentrée du travail. Elle ne les partage pas, ses frites, ni son regard. J'ai
faim. J'ai mal. Je descends l'escalier pour aller m'offrir à maman.

« Elle, c'est ma fille. » Son chiffon décape le verre.
« C'est lui Steeve. Il travaille ici. » Des cheveux longs sur une veste
de cuir s'avancent. Bang ! C'est le verre. Maman le dépose avec le sourire
de quelqu'un qui vient de placer son pion.

La folle de la reine a 13 ans.
Elle ne sait pas dire non.
Elle ne sait pas jouer. Lui, oui.

«Qu'est-ce qui se passe ? » Un silence lumineux avec des taches bleu poudre.

« Faut la rendormir ! » Des fils, des machines, pas de regard pour mes yeux rouges de sang. Des mains me couchent sur la table, des odeurs, la panique, trois secondes et plus rien.

Pas de toutou à mon réveil. J'attends l'autobus avec maman, papa et mes Smarties, juste pour moi, que je fais fondre lentement. Des couleurs qui goûtent bon. Le ciel est d'un bleu très grand.

« Toc, toc, toc ! » « C'est ma tante Mimi ! Oui, ça va mieux mes yeux… La cabane à sucre ! » J'ouvre grands les yeux pour faire de la place au bonheur. Une première fois, ça ne s'oublie pas. Caro s'amène, trop bien habillée. Moi, je reste avec mes cicatrices et maman, qui ne m'explique rien. Dans la cuisine, elle se « dérhume ». La vaisselle cogne sur « J'ai un amour qui ne veut pas mourir ».

On la chante quand papa sort sa guitare, avec son eau chaude sucrée. Nos voix se mélangent et s'écoutent, même avec les bas bruns qui sortent des sandales de papa. Le bonheur nous prend à la gorge. Sans le vouloir, on est heureux.

« Et c'est ma raison d'aimer la vie… » J'ai faim. Ma salive mouille ma langue et remplit le trou de ma dent cassée, en jouant à la tague, en patins à glace. C'était le soir, une main me pousse fort pour rien sur le lampadaire. À travers les étoiles, je me ramasse les yeux et je me retourne pour voir. Caro. Caro s'éloigne. Il me reste le blanc de ma palette dans la mitaine, le froid sur les fesses et Caro partie.

« Depuis le jour où tu m'as souri… » Le ventre gros, maman se penche. « Et tu m'as tendu la main… » Elle ferme la radio. J'ouvre la porte du frigo… bruyant. C'est vide. Je ferme la porte. Quand je colore, j'adore remplir les trous.

Maman est chanceuse,
Manu remplit le sien.

Une blanche, une grise, une noire. Tout passe, tout vient, mais pas lui.
J'attends dans la cabine, depuis des heures. Les vitres sont brouillées.
Ça sent la merde. Les autobus s'arrêtent. Je n'embarque pas avec eux.

C'est Steeve que j'attends, c'est moi que je haïs. Je ne veux plus savoir.

Son veston s'en vient. Il se passe la langue sur les dents. Ses yeux sont veinés
d'acide. Il pue. Il bave. Je fais avec. Son coude sur mon épaule me blesse.
Je souris. Un corps qui supporte le sien.

Voilà la première rencontre. Un pion qui avance.

Je garde les yeux ouverts pour ne pas revoir les images. Ma première nuit,
je l'ai déjà vue.

« Ça fait longtemps qu'on t'a pas vue ! » C'est le matin, je rentre à la maison.
Tout à coup, j'existe. Elle me veut.

« Le ménage est pas fait ! Tu sais pas le mal que tu fais à ton frère ! Y'a pas
de m'man. Tu vas prendre tes affaires ! J'veux pas te voir en fin de semaine ! »

Tant de mal dans du bleu. Je ne peux plus encaisser ses yeux.

Une tête, des bras, des jambes arrivent chez papa.
Je veux lui dire qu'il me trouvera chez Steeve...

Je m'endette... encore. Je sors.

Je reviendrai Manu. Je n't'oublie pas. Tu comprendras.

Je reviendrai te sortir.

Je ne suis jamais revenue.

DEUXIÈME PARTIE

Mon journal, mes images...
... les traces

Très cher journal,

Tout va bien. Tout va même très, très bien. Je n'arrête pas une seconde. C'est juste si je trouve le temps pour t'écrire. Tu vois jusqu'à quel point je suis occupée.

Le temps ne cesse de filer, tout tourne dans ma tête, mais je ne décroche pas. Je ne suis pas une lâche ! J'ai toujours dit qu'il ne faut compter que sur soi-même, c'est ma phrase « Énergex ». Comme une grande fille, je me dépasse, j'écoute les autres, je fais bien et je finis tout ce que je commence, en plus d'être gentille et sage. Je ne suis pas encore mince, mais j'y travaille fort.

Madame perfection, comme j'aime m'appeler, veut réussir sans commettre une seule erreur. Je veux être parfaite. C'est ainsi.

Enfin...

M'entends-tu ? Même toi tu ne réponds pas ! Je te dis que tout va bien et c'est tout ce que cela te fait. As-tu une petite idée de tous les efforts que je mets pour tout contrôler !

Non je ne suis pas en colère ! Non je ne dérape pas.

Non. C'est un mot que je peux dire aujourd'hui. Mon père est mort.

On est seuls, lui et moi, à la maison.

J'aime ça avoir son attention, ses paroles juste pour moi.

Il est beau, je l'aime.

Je ne veux pas qu'il parte lui aussi comme le premier, mon vrai père.

Dix mois, c'est tôt pour être abandonnée.

« Une autre bière, papa ? Je t'aime plus que l'autre. »

Je sais qu'il aime ça quand je lui dis ça.

J'ai moins de chance de le perdre.

Faut manger, « une chance qu'il est là », comme maman le dit.

J'aime ça lui faire des commissions. Je suis capable.

Aujourd'hui, maman est à l'hôpital.

Je suis près du poêle et je lui prépare ses rôties.

« Une autre bière papa ? Tout de suite. »

Je ne sais pas quand maman va revenir. Elle ne dit rien.

Je ne sais même pas pourquoi elle est malade.

Quand je suis fine avec papa, il n'est pas pareil avec moi.

Je lui donne de la bière même si j'aime pas ça.

On dirait que je suis importante pour lui, qu'il m'aime.

C'est rare que papa s'occupe de moi.

Ça me fait du bien d'être fine, il me tapote les fesses.

Cher journal,

Ça va vraiment bien. J'ai simplement bien mal au cœur et j'ai régulièrement des migraines qui ne lâchent pas. Elles sont comme moi. De vraies Wonder Women! C'est mon taux de sucre. J'ai juste à faire attention aussi... C'est bien fait pour madame ! Après ça, je chiale que je suis trop grosse...

Heureusement, mes notes à l'université n'ont pas diminué. Je suis en train de bâtir un projet pour aider des enfants en difficulté. Ils ont tellement besoin d'aide, de compréhension, d'amour et d'écoute. Un enfant c'est tellement vulnérable alors qu'un adulte... Il me semble que je pourrais les sauver, mais c'est jamais assez ou bien c'est trop.

Il y a aussi mon nerf sciatique qui fait des siennes. Quand je suis en crise, je ne peux plus marcher. Tu te rends compte de l'impuissance que je vis. Je suis paralysée. Maudit que je m'en veux dans ces moments-là. On dirait que je veux attirer l'attention, la pitié. Peut-être... c'est tout ce qu'il me reste...

Et qu'est-ce que je fais alors ? Je compte sur moi-même. Je suis forte. Je me relève la tête, les épaules, je prends deux pilules... pis je continue. Je ne veux pas me plaindre, mais je respire mal et c'est très angoissant. Si j'en crois mon médecin, c'est sûrement des idées que je me fais. Ce doit être mes allergies aux acariens qui s'en donnent plein mes muqueuses. Je ne peux pas me permettre d'être malade. Je ne veux pas abandonner ... Mais il faut que je te dise. Je commence vraiment à étouffer.

Si je tombe, qui va me relever ?
Lui, il y est pour de bon.
Ça fait déjà un mois... en tous cas.

Papa commence à parler tout drôle.

C'est toujours comme ça quand il boit sa bière.

Ça me fait de la peine. J'aime pas ça.

Qu'est-ce que je peux faire pour le sauver ?

L'aimer !

« Une autre bière ma belle fille. Une chance que papa y t'aime parce que… »

Parce que quoi que je voudrais lui dire, mais je ne suis pas capable.

Il n'est pas beau quand il se fâche !

« Papa, ferme ta bouche quand tu me donnes un bec. »

Maman ne fait pas ça elle.

Elle me dit tout le temps :

« T'es trop affectueuse Mylène, fais attention, je te le dis là… »

Elle ne finit jamais sa phrase.

Elle aussi me fait des grosses bises sur la bouche.

C'est bon. On s'aime.

Journal,

Ça va. Je fais une bronchite asthmatique. Eh oui ! En plus, je fais de l'asthme à temps plein. Tu vois bien que je ne suis pas faite pour le « temps partiel » ! Ces temps-ci, je n'arrête pas... de dire que je n'arrête pas. L'université, les stages... Je chante tout le temps, sinon j'ai mal. J'ai passé aussi des auditions pour jouer dans un opéra rock et on m'a donné le rôle d'un sex-symbol. Moi ça ? En fait, la chanson parle d'une femme qui boit sans cesse. La nuit venue, elle rêve qu'elle se fait violer, mais devant les caméras, elle se redresse et joue à la diva. Je n'y arrive pas. Je pleure sans pouvoir m'arrêter. Quelqu'un m'a lancé : « C'est pas toi qui chante, mais ton personnage ! » Touché !

{ *Silence* } *Ça va pas*

Bon, c'est vrai que la maladie ne me lâche pas, mais moi non plus. Cette idée d'avoir un corps aussi. C'est lourd, c'est fatigant, pis ça se cache mal. Bien, je veux dire que... tu le sais !

C'est de ma faute

Comment ça « c'est de ma faute » ? À quatorze ans, très exactement, j'ai découché. Maman m'a dit alors : « Ça fait longtemps qu'on t'a pas vue. Le ménage est pas fait. » J'aurais aimé entendre : « J'me suis ennuyée... » Et l'amour qui aime mal a parlé : « Là, là, tu vas prendre tes affaires... j'veux pas te voir en fin de semaine ». Là, ma vie meurt. Je ne crois pas en la réincarnation. Je ne suis jamais revenue. J'ai déniché deux emplois dans l'entretien ménager. L'expérience ! Et j'étais toujours la bolée de la classe ! Qu'est-ce que tu dis de ça ? La fatigue, la fatigue. C'est juste un peu d'épuisement accumulé. C'est bien connu, janvier est l'un de ces mois de l'année où le taux de dépression atteint son sommet dans les statistiques. Des études récentes prouvent que... en tous cas.

J'étouffe. Pardonne-moi. J'étais petite.

C'est fini. J'étais pas prête.
Ce serait ma chance
de me libérer de lui.
Et l'amour ?

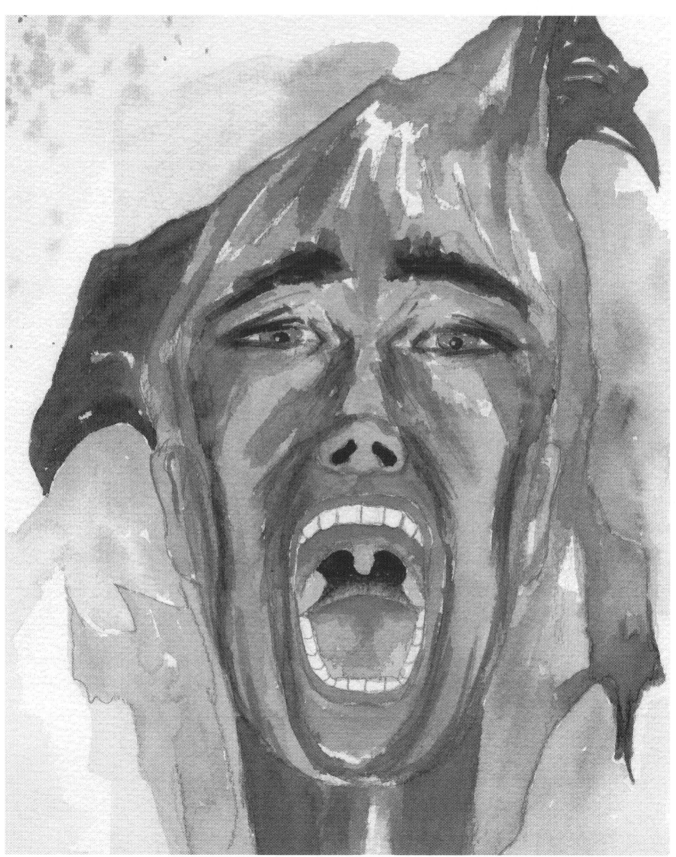

MYLÈNE STE-CROIX ©

Je me sens mal tout à coup. On dirait que je voudrais être maman.

Bien, je veux dire que ce serait bien d'être la femme de papa, une petite fois.

« Une autre bière ma belle fille. »

J'ai peur quand papa est comme ça.

La nuit va bientôt tomber, pis maman n'arrive pas.

Je vais me coucher avant qu'elle revienne. Je vais lui faire une surprise.

Papa va prendre sa douche. Il se fait toujours la barbe avant, et moi je le regarde.

Il fait des grimaces, mais je ne lui dis pas.

Il est beau et il sent bon mon papa d'amour.

Faut que je sois reconnaissante. Maman me l'a dit.

J'aimerais ça prendre ma douche avec lui… qu'est-ce que je dis là ?

C'est pas correct parce que je ne me sens pas bien. Maman ne m'aimera plus, c'est sûr…

« Veux-tu prendre ta douche avec papa ma belle fille ? »

Hein ? Il m'a entendue ! C'est de ma faute.

Je ne suis plus capable de parler. Si je lui dis non, il sera fâché.

Il n'est pas habitué. Il ne me demandera plus rien, comme il le fait avec Caro parce qu'elle ne veut pas lui faire de commissions.

« Ouuiii… »

C'est pas vrai. J'ai peur.

Où es-tu maman ? J'ai mal à mon cœur.

On est dans la douche. J'avais jamais vu ça.

Quand t'as six ans, tu ne connais pas ça. Enfin… pas d'aussi près

Parce que papa n'arrête pas de se montrer devant moi maintenant.

Il le sait que j'aime pas ça. Il fait comme si de rien j'étais.

Je me retourne pour pas voir ça.

Je pense au gros couteau de cuisine de maman.

Maman…

Si je pleure, il va penser que je ne l'aime plus ! Que je suis hypocrite !

J'ai pas le droit de pleurer.

J'ai hâte que maman soit là. Je vais lui dire.

Lui, il ne dit rien, comme si tout était normal.

Je ne comprends plus rien.

C'est elle ! « Maman ! Maman ! J'ai pris ma douche avec papa ! »

{ Silence }

Moi, seule dans le salon, eux dans la cuisine, j'entends les cris.

Pour la première fois, j'ai fait mal à maman. C'est de ma faute…

Lui, il dit que c'est moi qui voulais, que maman est folle, jalouse, que…

Moi je pleure dans le salon. Je ne voulais pas faire de mal.

Je ne savais même pas… j'étais pas sûre de…

Personne ne m'explique. Personne ne me console. Personne ne m'aime.

Je retourne dans ma chambre, toute seule.

Il ne fallait pas le dire. Est-ce que papa va partir ?

J'étouffe le secret.

{ Silence }

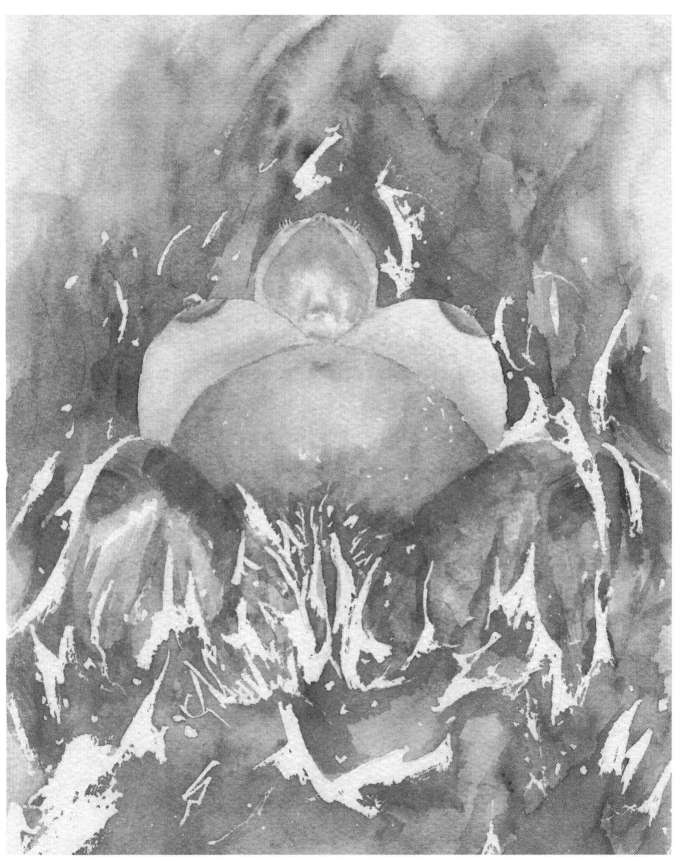

Journal,

Je ne le dis plus.

Personne ne me croit
Jamais plus d'erreur.

{ Silence }

Je travaille vraiment fort pour réussir, être quelqu'un, appréciée. Mais vois-tu, je ne trouve pas ma place. Qui me veut ? Il me semble que ce que je dis n'est pas important, comme si on ne m'écoutait même pas.

{ Mourir }

Il y a quelque chose que je veux te dire. Je pense que j'en ai assez. Si je m'écoutais, j'abandonnerais tout. Tu te rends compte que c'est moi, Mylène, qui dis ça.

Je ne dirai plus jamais les vraies choses.

Je déteste les adultes. Ils sont méchants, aveugles et sourds !
« Je t'aime », qu'ils disent. Tu parles ! Je ne veux plus jouer à ce jeu-là !

Je le sais.
Au moins j'ai été là jusqu'à la fin.
Je ne l'ai pas abandonné.
Mais lui ? Mais lui ?

Le temps passe et moi je travaille fort à l'école.

« Maman ! Maman ! J'ai eu 100% dans mon examen ! Tu ne dis rien ? »

{ Silence }

Maman m'a dit que je n'étais plus son bébé maintenant.

Je vais avoir un petit frère.
Qui va s'occuper de moi ?
Une grande fille ?
Depuis ce qui s'est passé l'autre soir,
c'est tout drôle dans mon corps.
Je sens toujours mes lèvres d'en bas.
Il faut que je les touche
et ça me met en colère !
Dans ce temps-là, je m'étire de partout
jusqu'à ce que ça me fasse mal et ça me fait du bien.
Personne ne le sait.
C'est mon secret.
Je sais les garder.
J'apprends vite.
Papa me le dit quand il vient me border.

MYLÈNE STE-CROIX ©

C'est vrai... bon ! Il m'a abusée pendant 9 ans.
Ça c'est de la trahison !

...

Je suis dans la cuisine, chez papa. Il est soûl. Ça pue.
Il a encore la bouche toute mouillée, baveuse, lâche.
Assise à la table, je lui dis que maman et moi venons de nous chicaner.
Elle m'a dit de prendre mes affaires...
Je pleure. Je suis défaite.
Moi qui t'aime tant maman.
Il ferme les stores verticaux.
Les images reviennent, même les yeux ouverts.
Je reconnais le rituel du sacrifice, de la mort !
Pas encore. Pas maintenant. J'en peux plus moi.
J'entends ses pas s'approcher derrière moi... j'ai peur...
Dans mon dos, il y a son érection.
Au secours maman !

{ Silence }

C'est la paralysie. Non ! crie mon âme.
S'il m'aime, il ne peut pas ne pas m'entendre.
Son souffle est dans mon cou...
Trop tard.

Il me prend les seins fermement. Ça pue l'alcool.
J'ai mal au cœur, à la tête, j'étouffe...

Je m'éteins.
Je décroche.
Je vois la scène d'en haut. Paralysée.
Je suis encore de retour à 6 ans, dans un corps de 15 ans.

J'en peux plus. C'est rendu que je me fais mal. Je me mords, je me tords, j'écrase
mes seins. Je pense que je deviens folle. Je ne sors plus, les rideaux sont toujours tirés,
je ne peux plus prendre l'autobus, je fais des crises d'angoisse,
je mange tout le temps… et je ne suis plus capable de me faire toucher.
L'autre jour, dans le métro, un homme m'a frôlée avec son genou.
Dans ma tête, je lui ai arraché les yeux, le cœur et il est mort !

C'est effrayant…

Tu m'étouffes
Même toi tu m'accuses

Comment ? Qui est-ce que j'accuse ? Je ne dis jamais de mal contre personne.
Je comprends. La colère, c'est laid et ça détruit ! Mon père ?
C'était pas mon vrai que maman dit tout le temps pour que ça paraisse moins grave.
Elle s'en doutait et n'a jamais rien fait pour me sauver.
Je le sais, elle aussi a été violée… elle se sentait impuissante, mais moi j'essayais
d'en parler avec elle. Je voulais qu'elle comprenne que… que ma mère me… et
je suis supposée comprendre et pardonner ! Qui m'a pardonnée moi ?
Tu le sais que je ne pouvais dire non et le perdre lui aussi !
Maman disait qu'il fallait que je sois reconnaissante
pour ce qu'il faisait pour nous… Ce que je pouvais dire, je l'avais déjà dit.
C'est toi aujourd'hui qui me rejettes. Tu me tues.

Ça fait des mois maintenant.
Je ne le prends pas. NON !

Aide-moi

Aime-moi

Aime-nous

Mon corps est entre ses mains. C'est ça mourir. « Je t'aime mon minou… »
C'est à maman qu'il disait ça. L'écoeurant !
Sauve-toi ! Es-tu une lâche ou quoi ?
Il baisse ses mains sur mon ventre, entre mes cuisses.
Ça tourne, ça tourne…
« Non ! »
« Pourquoi tu pleures ma belle fille ? Papa va te donner de l'argent. »
Je le prends, machinalement. Je m'endette, encore.
J'ai mal au cœur, à mon corps.
« M'aimes-tu ma belle fille ? »
« Oui traître… je t'aime et je m'haïs. »
{ Silence }

Une tête, des bras, des jambes sortent. Je suis un corps sans âme.

…

« Tu la montres et tu ne payes pas ton dîner. » Mon directeur d'école me remet la carte pour les pauvres. De pleine lune en pleine lune, le soir, je m'assèche. Ça me brûle. Après St-Zotique, Papineau, Hochelaga et Sauvé, les mois passent et maman n'essaie pas de me retrouver. C'est ma tante Denise qui le fait, un sac d'épicerie à la main. Les anges existent. Maman reste à Anjou dans son sous-sol avec Manu. Caro a trouvé un appartement… Je t'envie Caro. Je ne t'ai jamais vue pleurer.

On ira au cinéma Manu, aux Galeries d'Anjou dans le train, je t'achèterai des chips, je t'embrasserai… tu comprendras… attends-moi. Je deviens folle, j'te vois toujours écrasé, dans la rue… et tu cries et ton p'tit corps qui m'échappe et… Viens pas le chercher toi. Je t'ai tellement prié !

Dépose-moi.
Je veux voir mes empreintes.

« And the feeling good was easy lord, when you sing the blues… »
Assise sur le balcon de mon appartement rue Sauvé, coin les Coquerelles, le menton sur les genoux, je me remplis de Janis. Le soleil sur la joue, je garde une oreille pour Steeve, l'autre pour moi.

Un 26 août collant et puant, chaud, trop chaud. « Maudite humidité », que maman dirait. Je m'ennuie de toi, tout le temps. Et Manu, je veux revoir sa peur et sa joie dans mes bras qui essaient de nager. Et puis la liberté qui s'illumine dans son sourire qui m'éclabousse de ses 7 ans. Tant pis pour le reste, c'est toi mon bonheur.

Et Caro qui doit travailler pour terminer son cours de secrétariat. Sa flûte traversière doit l'attendre encore. Elle n'en jouait plus. Pourtant, elle ne faussait pas… Dommage… dommage que t'aies eu mal au cœur de moi. T'es la seule qui ne jouait pas de jeu avec moi… loin, mais franche ! J'aimerais être comme toi et les repousser… Deux portes d'auto frappent. Ma musique s'arrête.

« Caro ! Tu m'as retrouvée ! » Je ris, je pleure, j'ai dû descendre les escaliers. « Caro ? » Là, elle pleure. Mon oncle est avec elle.
« C'est arrivé sur Pie-IX, c'est en construction, y'on pas retrouvé le chauffeur… » Mes oreilles bourdonnent. Caro ne dit rien. Elle me donne son regard. Le bleu de maman, de Manu. Toute notre souffrance est là. Elle la portait sans rien dire, pour survivre et moi…

Le derrière dans la poussière, la corde au cou, je dépose les armes. La mort est déjà là. « Il était chez Pitou, Céline faisait le ménage dans un restaurant, elle ne voulait pas… et Manu est sorti, un p'tit gars est venu le chercher pour aller acheter une patate frite, Pitou dormait encore, la police est venue le chercher pour le traîner sur les lieux, c'est là qu'il a vu les traces de sang… partout… » Caro me caresse les cheveux. Mon oncle continue. « Une ambulance pour le vieux ! Le jeune… y'est mort. »

Je ne serai jamais en avance.
Tu ne comprendras pas.

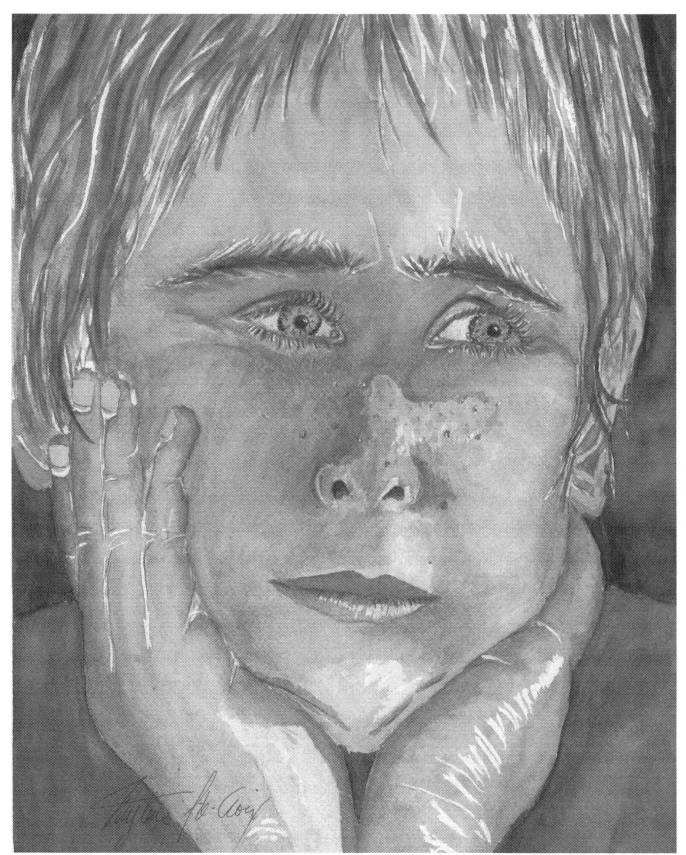

MYLÈNE STE-CROIX ©

On se replie chez Mimi.

Le noir n'est pas nécessaire, maman est déjà calcinée.

Par terre, elle hurle, éventrée.

Caro s'approche et la console. J'attends. Je regarde.
Je reste debout, effondrée.

Moi, je comprendrais, mais pas lui.

J'aimerais tellement qu'on se soulage, maman.
Tu ne me consoleras pas, jamais, et moi, je ne le ferai pas bien.

C'est le début de la fin. Je me retourne vers papa, encore.

« C'est de ta faute ! T'as détruit ma famille ! Tu sais pas le mal que t'as fait
à Manu ! » Elle a su me trouver. Je n'ai pas pu éviter.

On ne sauve personne. Que soi-même.

Avec Caro, je vais chercher du linge pour habiller Manu.
Elle n'entre pas. Je choisi une chemise inondée de bleu, de jaune et de blanc.

Dans le cercueil, le plastique sort de sa tête défoncée par le miroir de l'auto.

Je te touche, t'embrasse pour te réchauffer, te dégonfler.

Je ne déborde pas de tes lèvres.

J'aurai tenu ma promesse,
mon amour, mon ange,
le seul que je connaisse.

Maman est dans la cuisine, j'essaie de l'affronter. Elle ne sait pas parler.
« Maman, ça fait longtemps mais, j'ai quelque chose de grave à te dire... »
Elle repasse sa blouse blanche, la retourne et recommence, sans pouvoir
enlever les plis. Sans avertissement, elle m'envoie une droite:
« T'as fait quelque chose avec mon nouveau chum ! »
« Non ! »
Maintenant le gauche : « Avec l'autre avant ! »
« Non ! Avec papa ! »
« Je m'en doutais. »
Elle me passe le k.-o. !

...

Un 9 novembre, quelques années plus tard.
C'est la sonnerie du téléphone. Je m'arrête. Je ne réponds pas. Je coupe.
Un autre réflexe. C'est l'heure où papa appelle, menaçant.
Dring ! Ça recommence...

« Oui ? Denise ! Eh ! Quoi... depuis 3 jours... M'man ne voulait pas me
le dire...Tu voulais que je sache avant... p'pa a le cancer... mourant...
maintenant... là ! ».

« La dose est insignifiante », me dit l'infirmière. Il ne faut pas coûter au
système : « Y souffre terriblement ce monsieur... on donne ces doses-là
au début d'habitude. En phase terminale, c'est rien ça ! » Des cris d'il y a
longtemps, des respirations manquées. Je chante pour l'apaiser.

Nos voix se touchent.

C'est l'heure de la piqûre qui tue.

Sa vie n'aimait plus qu'il l'étouffe. L'âme n'était plus dans ses yeux.

Le bleu est devenu blanc.

Papa retrouve Manu, porté par mes hurlements. Je n'ai plus rien à perdre.

Dans son lit, il reste de lui sa couche, des tuyaux pleins de sang, l'odeur de la mort sur son front et sa bouche ouverte, sèche. Le silence nous unit.

…

C'est après la déchirure que les images se montrent.

Ça laisse toujours des traces.

Dans son appartement de Pie-IX, j'ai retrouvé des pots de pilules ignorés, sa bière 0,5%, sa boucane de cigarettes roulées…

Dring ! Dring ! … ses plats cuisinés pour nos 9 mois de retrouvailles…

Dring ! Dring ! … une photo jaunie de Manu, des souvenirs de maman qu'il espérait encore…

Dring ! Dring ! … des regrets…

Dring ! Dring !… maudit téléphone…

« Allô ! »

…J'existe

« Mylou ? »

« Caro ? »

« T'sé Caro, dans le fond, je te jugeais. J'étais pas mieux. J'voulais que
tu m'aimes comme moi j'aime… aussi bien que moi… ben… J'suis ta sœur,
t'es pas obligée de m'aimer… »

« Mylène ! »

« J'veux plus courir après ton amour. Plus je t'aime, plus tu me fuis…
ça me fait vraiment mal… Je t'aime tellement… Pourquoi est-ce que
je te lève le cœur ? Tu ne t'en rends même pas compte ! »

« Eh… Mylène ! »

« Y fallait que je sois franche et que je te le dise… je ne te juge plus Caro…
Je t'aimais pas mieux. Je faisais ce que tu me disais pour que t'aimes qui…
quoi ? »

« J'aimerais ça Mylène… »

« Je voulais être la préférée de maman. Elle me disait que je l'étais… Elle
devait te dire la même chose… On a acheté tout ça pour être mal aimées. »

« J'aimerais ça que tu sois… »

« Mais là, je me sens capable de t'écouter… qu'est-ce que tu dis ? »

« Je veux que ce soit toi… c'est toi que je veux… j'suis enceinte !
Je veux que tu sois la marraine ! »

La vie ne meurt pas.
Il n'y a pas de dernière fois.
Je vois plus loin… le bleu revient.

Très cher journal,

Je reviens d'un long voyage. Je n'ai pas eu le temps de tout voir, tout entendre et tout comprendre. Tout était si sombre qu'il m'a fallu apprendre à me guider par instinct, par amour. J'ai eu de l'aide. Une enfant charmante, affectueuse et mignonne comme tout. Elle en avait des choses à me dire.

Papa. Je t'aime autant que je te hais. Je n'ai pas le droit de dire ça ? Aujourd'hui, je reprends mes droits. Par tant de souffrance, j'en suis venue à souhaiter secrètement que tu meures. Et c'est arrivé. Des cris, puis le silence nous a unis... encore. C'est ça l'amour ? As-tu pensé à moi avant de te sauver ? Tu en auras mis du temps pour le faire... Un mal aimé, ça s'aime mal. Je le sais, ça fait des années que je m'entraîne. Mais pour la première fois de ma vie, je peux te dire que je suis fière d'avoir failli, de n'avoir pas pu me mal aimer jusqu'à mon dernier souffle... jusqu'à la dernière bise !

Maman. J'ai bien trouvé des réponses pour toi, mais je n'avais pas les moyens de tes besoins. Mon amour pour toi est si grand que je coupe avant de t'agresser à mon tour. Je ne veux pas voir ça dans mes yeux. Je te laisse t'occuper de ta souffrance, pendant que je guéris la mienne.

Ce soir, au-dessus de ma tête, il y a un puits de lumière. Je regarde la fenêtre dans ma main. Il y a de l'espoir, je vois un +...

Plus jamais x x x

P.s. : À la petite qui laisse ses traces dans mon journal, je te fais une place. Ta place. Pardonne-moi. Je ne peux plus rien changer à notre passé, mais plus jamais... plus jamais.

Mon corps est entre ses mains.
C'est ça mourir.

« Je t'aime mon minou… »
C'est à maman qu'il disait ça.
L'écœurant !
Sauve-toi !
Es-tu une lâche ou quoi ?
Il baisse ses mains sur mon ventre,
entre mes cuisses.
Ça tourne, ça tourne…
« Non ! »

« Pourquoi tu pleures ma belle
fille ?
Papa va te donner de l'argent. »
Je le prends, machinalement.
Je m'endette, encore.
J'ai mal au cœur, à mon corps.

« M'aimes-tu ma belle fille ? »

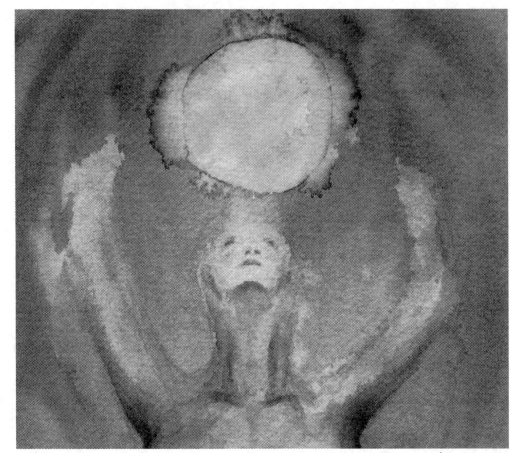

MYLÈNE STE-CROIX ©

Mylène Ste-Croix enseigne
aux élèves en difficulté
depuis plus de 10 ans.

Elle détient un baccalauréat
en adaptation scolaire et
un certificat en littérature
jeunesse.

Printed in the United States
by Baker & Taylor Publisher Services